Género Ficción histórica

Pregunta esencial

¿Cómo conectan las tradiciones a las personas?

Luna de jarabe de arce

Cheryl Minnema
Comunidad ojibwe de Mille Lacs
Ilustraciones de Kristina Rodanas

Capítulo 1

La espera

En una fría madrugada de marzo de 1864, Omadwe y su perro Bezhig contemplaban entre los árboles el campo cubierto de nieve. El campo estaba tan vacío como su estómago. No había señales de los cazadores que se habían marchado de la aldea tres días antes. Omadwe se dio la vuelta y caminó sobre el surco gris y estrecho de sus huellas de regreso a la aldea de níveos *wigwams.* Su estómago se contrajo con un gruñido.

—No sé tú, Bezhig, pero yo tengo hambre.

Bezhig, cuya lengua colgaba del hocico helado, batió la cola al escuchar su voz.

Durante el largo invierno, la carne había escaseado. En la última década, los colonos se habían apropiado de tierras que pertenecían a la reserva Fond du Lac. El territorio de caza había disminuido. Era como una epidemia de infortunios.

Los colonos habían empleado hombres jóvenes de la aldea para que cortaran árboles. Este invierno, por falta de vigilancia, muchos se habían herido al derribarlos y uno había muerto.

En la aldea quedaban solamente cinco cazadores, entre ellos Young Kegg, el padre de Omadwe. Ella lo había visto prepararse para ir de cacería. Llevaba la hacha que había comerciado con los colonos.

—Los colonos están cambiando las costumbres de nuestros ancestros —dijo Omadwe—. Se apoderaron de nuestras tierras y ahora quieren que seamos como ellos.

Young Kegg la abrazó y dijo con determinación:

—Nosotros somos un pueblo que honra su tradición. No permitiremos que nos despojen de ella.

AHORA COMPRUEBA

¿Cómo había sido el invierno en la aldea de Omadwe?

Capítulo 2

Grandes amigas

Omadwe se frotaba el vientre recordando las palabras de su padre. El dolor que sentía no era solo de hambre. ¿Qué sucedería si no regresaba su padre? El padre de Zhaawan, su mejor amiga, había muerto en enero mientras cortaba árboles para los colonos. Era el miedo intenso que sentía lo que le causaba el dolor.

Zhaawan había sido su mejor amiga hasta el otoño pasado, cuando empezó a insistir en que la llamaran "Angelina". En octubre, Zhaawan y su familia abandonaron su *wigwam* y se mudaron a una casa de madera. Después, Zhaawan comenzó a criticar los vestidos de Omadwe.

—No sé por qué te pones esos sucios jirones de cuero —le dijo un día Zhaawan mientras contemplaba su nuevo vestido de algodón azul—. Tu padre podría intercambiar pieles por un traje como el mío.

Omadwe la había ignorado desde entonces. Pero extrañaba a su amiga, quien ahora se había convertido en Angelina.

Después de la muerte del padre, Zhaawan y su madre se fueron a vivir con la familia paterna. Zhaawan rara vez salía del *wigwam* de su abuela. Su actitud poco comunicativa sorprendió a Omadwe. Ella creía que a Zhaawan le encantaba vivir en la casa de madera y se preguntó si la habría juzgado mal.

Detective del lenguaje En la oración subrayada hay un adverbio, ¿es de tiempo o cantidad?

De repente, Bezhig se lanzó en persecución de una *waabooz* (liebre).

—¡Bezhig, espera! —le gritó Omadwe—, pero el perro siguió corriendo sin detenerse.

Bezhig no era veloz ni lo suficientemente resistente como para atrapar la *waabooz*, así que abandonó la cacería y regresó.

En ese momento, Omadwe escuchó el graznido de un *aandeg* (cuervo). Escuchar el cuervo era un honor. Era la primera señal de que la temporada de recolectar la savia de arce había llegado.

Capítulo 3

El graznido del *aandeg*

Omadwe corrió emocionada por el bosque con Bezhig para llevar la buena nueva. Al aproximarse a la aldea, escuchó un alboroto. ¿Sería que habían escuchado ya el graznido del *aandeg*?

Omadwe entró en la aldea y vio a su padre. Tenía un ciervo. Los otros cazadores llevaban liebres. Corrió hacia él agradeciendo al Gran Espíritu por haber traído ilesos a los cazadores.

Mientras Omadwe abrazaba a su padre, recordó el graznido de los cuervos y gritó: "¡Escuché el *aandeg*!".

Pocos días después, cuando Omadwe estaba enrollando en el *wigwam* las esteras de espadaña, su madre, Ikwe, le entregó algunos sacos.

—Ponlos fuera con el resto de las provisiones —le dijo.

Omadwe tomó los sacos de cuero y levantó el toldo de entrada del *wigwam*. Sobre el suelo, al lado de la puerta, había cuatro pares de zapatos de invierno nuevos. Omadwe miró a su madre y le sonrió.

—Hoy iremos al campamento del jarabe de arce —dijo su madre.

—¿Pero por qué hay cuatro pares? —preguntó Omadwe.

—Zhaawan viene con nosotros este año —contestó la madre.

Omadwe puso los sacos con las demás provisiones. Se sentía feliz de que Zhaawan fuera con ellos.

Más tarde, mientras caminaba por la aldea con sus padres, Omadwe se preguntó cómo estaría Zhaawan. Cuando llegaron al límite del poblado, Omadewe la vio atisbando a la entrada del *wigwam* de su abuela. Luego salió lentamente. Llevaba puesto su antiguo vestido de ante.

—*Aaniin* (Hola) Angelina —dijo Omadwe.

Zhaawan respiró hondo.

—Te ruego que no me llames Angelina —dijo—. Lamento mucho haber sido mezquina contigo.

—Tú serás mi amiga siempre —le dijo Omadwe abrazándola—, y luego la ayudó a calzarse los zapatos de invierno.

AHORA COMPRUEBA

¿Cómo había cambiado Zhaawan desde la muerte de su padre?

Capítulo 4

El campamento del jarabe de arce

Después de viajar todo el día, llegaron al campamento del jarabe de arce. Young Kegg hendió su hacha en varios arces. Luego, introdujo en ellos boquillas de madera. Omadwe y Zhaawan colocaron cestos de corteza de abedul debajo de las boquillas mientras Ikwe organizaba su campamento. Las niñas, ansiosas por degustar la savia dulce, no pudieron esperar a que se llenaran las cestas y cada una se tendió debajo de una boquilla.

—Mmm —dijo Omadwe.

Antes de que Zhaawan pudiera probarla, Bezhig comenzó a lamer su cara. A Zhaawan le disgustó que el perro le lamiera la cara.

—¡*Gego*! (No) ¡Eres tan molesto! —dijo Zhaawan— y Omadwe se rio.

Cuando oscureció, Young Kegg hizo una hoguera. Después de comer arroz silvestre y carne de ciervo, Omadwe y Zhaawan entraron en el *wigwam* y se durmieron.

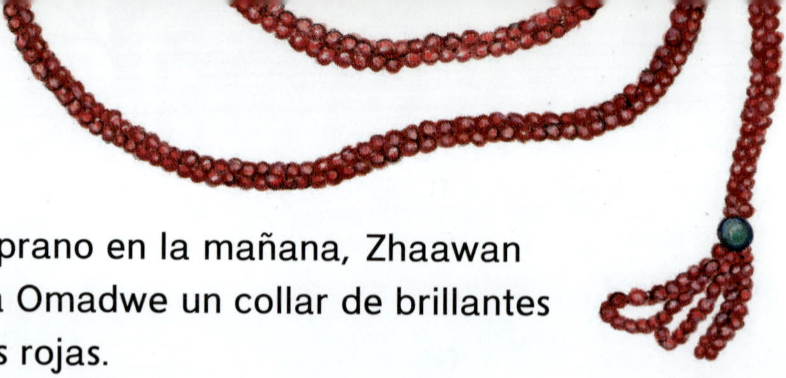

Temprano en la mañana, Zhaawan le dio a Omadwe un collar de brillantes cuentas rojas.

—Lo cambié por mi vestido azul —dijo Zhaawan.

—Pero si tú amabas ese vestido —dijo Omadwe y Zhaawan la abrazó.

—No deseo conservar nada que me recuerde a los colonos —respondió ella—. Mi padre murió trabajando para ellos. Toma el collar, por favor.

Omadwe y Zhaawan recogieron madera para el fuego durante toda la mañana. Después vaciaron las cestas de abedul que estaban debajo de las boquillas. Ahora había que hervir la savia para obtener el jarabe.

Young Kegg vertió el agua azucarada en la olla e Ikwe empezó a revolverla con una paleta de madera. Cada vez que comenzaba a hervir, Omadwe removía el agua con una rama de pino. Al hacerlo, veía con sorpresa que la espuma hirviente retrocedía apenas introducía la rama.

Detective del lenguaje	Busca un adverbio de tiempo en esta página.

En la tarde, las niñas comieron arroz silvestre, carne de ciervo y caramelos de jarabe de arce.

—Mira —dijo Zhaawan señalando la luna llena—. ¡Es una luna de jarabe de arce!

Las niñas la contemplaron como hipnotizadas. Omadwe rio feliz de estar compartiendo con Zhawaan la alegría de esta temporada.

AHORA COMPRUEBA

¿Cómo prepararon Omadwe y su familia el jarabe de arce?

Respuesta a la lectura

Resumir

Utiliza los detalles más importantes de *Luna de jarabe de arce* para resumir el relato. Completa el organizador gráfico.

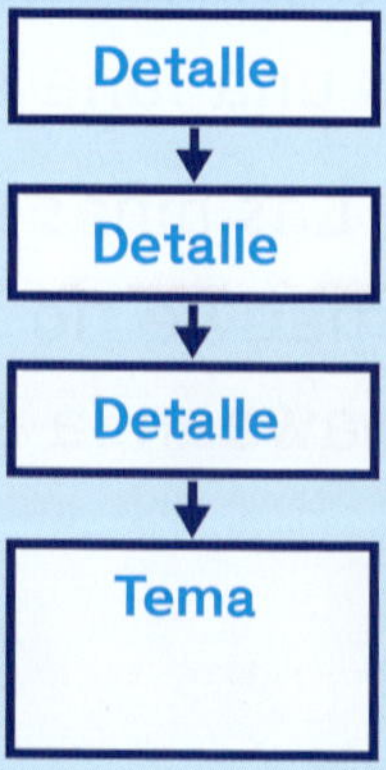

Evidencias del texto

1. ¿Por qué es este relato un ejemplo de ficción histórica? GÉNERO

2. ¿Cómo tranquiliza el padre a Omadwe en relación con los colonos? TEMA

3. ¿Qué significa la palabra *jirones* en la página 6? ¿Qué evoca? ¿Por qué crees que Zhaawan la utiliza al describir el vestido de Omadwe? CONNOTACIÓN Y DENOTACIÓN

4. Explica por escrito por qué se emocionó Omadwe al escuchar el graznido de los cuervos y qué significaba para ella el campamento del jarabe de arce. Cita detalles del texto en tu respuesta. ESCRIBIR SOBRE LA LECTURA

Género Texto expositivo

Compara los textos

Lee acerca de la quinua en el pasado y en el presente.

La quinua: un legado ancestral

Hoy en día son populares los productos orgánicos y nutritivos porque su producción no afecta el medioambiente y son más saludables. Uno de ellos es la quinua, un legado de los antiguos pueblos indígenas del Perú, que se consume en muchos hogares del mundo.

Se cree que esta planta es originaria del área del lago Titicaca, en cuyas orillas se sigue cultivando en la actualidad. Los pueblos indígenas anteriores a los incas la cultivaron entre el 3000 y 5000 a. C. Para los incas, la quinua era sagrada y la ofrecían durante la siembra al dios sol, Inti, en una ceremonia. La llamaban *chisiya mama*, que significa "semilla madre". La palabra *quinua* proviene del quechua *kinúwa* o *kínua*.

Westendól/Getty Images

Para superar las dificultades de la escarpada región de la Sierra, los incas desarrollaron técnicas de cultivo que aún se utilizan en los Andes peruanos, como muros de contención y terrazas. Otra de las técnicas prehispánicas que se ha mantenido hasta hoy es la construcción de camellones, o *waru waru* en quechua, montículos artificiales de tierra rodeados de agua que proveen de humedad al cultivo.

Durante la época de la colonia, la quinua fue desplazada por cereales y otras plantas de consumo popular en Europa. Pero, en el siglo XX, la quinua fue nuevamente objeto de interés por su sabor y alto valor nutritivo.

Las terrazas de cultivo semejan escaleras en las montañas. Sus escalones se rellenan con tierra y se sujetan con piedras.

Matthew Oldfield Travel Photography/Alamy Stock Photo

Comunidades campesinas andinas de Perú y Bolivia conservan y aplican conocimientos ancestrales al cultivo y la utilización de la quinua.

En reconocimiento a la importancia cultural de la quinua y a su alto contenido nutricional, la ONU declaró el 2013 Año Internacional de la Quinua.

Haz conexiones

¿Cómo influyó el redescubrimiento de la quinua en el mercado mundial? **PREGUNTA ESENCIAL**

¿Cómo te permitieron los textos *Quinua: un legado ancestral* y *Luna de jarabe de arce* entender la importancia de conservar las costumbres de los antepasados? **EL TEXTO Y OTROS TEXTOS**

Enfoque:
Género

Ficción histórica En los relatos de ficción histórica, los sucesos que se narran ocurren en el pasado. En ellos suele haber información de un hecho real y de personas que vivían en la época. El lector puede así entender cómo era la vida en tiempos remotos.

Lee y descubre *Luna de jarabe de arce* no es una historia real. Su autora se inspiró en la vida de su abuela y en experiencias propias para escribirla. Explica qué apartados del relato son reales y cuáles son ficticios.

Tu turno

Los indígenas se cuentan oralmente historias familiares por tradición. Estos relatos tratan del pasado y son una manera de mantener viva su tradición cultural. Tú puedes inventar algunos detalles para hacer más interesante tu relato, pero, recuerda que debes tener en cuenta el hecho real. Pide a tus familiares que le hagan observaciones a tu relato. Cuéntalo hasta que consideres que fluye y suena naturalmente. Luego, compártelo con otros.